Rüdiger Stoye, geboren 1938 in Templin/Uckermark, siedelte 1957 aus der DDR in die
Bundesrepublik Deutschland über. Er studierte Illustration und Grafik-Design an der
Werkkunstschule Münster sowie Freie Grafik an der HFBK in Hamburg.
Seit Mitte der 1960er-Jahre arbeitet er als freier Illustrator und Autor von Kinderbüchern.
Seine Werke wurden in zahlreiche Sprachen übersetzt und u.a. mit dem
Premio Grafico der Kinderbuchmesse Bologna ausgezeichnet.
Zuletzt unterrichtete Rüdiger Stoye fast zwanzig Jahre lang Buchillustration
an der Hochschule für Angewandte Wissenschaften in Hamburg.
Er prägte dort nicht nur Generationen von KinderbuchillustratorInnen,
sondern auch den Studiengang Illustration insgesamt und erhielt dafür internationale Anerkennung.
Er lebt und arbeitet in Hamburg.

Auf der Ehrenliste des Hans Christian Andersen Preises

6. Auflage, 2025

© 2008 Moritz Verlag

Kantstr. 12, 60316 Frankfurt am Main

info@moritzverlag.de

Die Erstausgabe dieses Buches erschien 1971 im Broschek Verlag, Hamburg

Druck: Grafisches Centrum Cuno, Calbe

Printed in Germany

ISBN 978 3 89565 198 4

www.moritzverlag.de

Rüdiger Stoye

Der Wal im Wasserturm

Moritz Verlag

Frankfurt am Main

In Hamburg steht ein alter Wasserturm. Aus dem riesigen Wasserbecken oben im Turm bekamen früher die Leute in der Stadt ihr frisches Wasser. Es floss durch lange Rohre den Turm hinunter, dann unter der Erde entlang hinauf in die Häuser. Ein Wasserturmwärter sorgte dafür, dass alles seine Ordnung hatte.

Heute gibt es im Turm kein Wasser mehr. Aber in dem Häuschen daneben wohnt noch der alte Wasserturmwärter. Immer wenn ein Lehrer seiner Schulklasse zeigen will, wie das früher war mit der Wasserversorgung, schließt er seinen Turm wieder auf. Die Kinder klettern dann die Treppen hinauf, sehen in das leere, staubige Becken und staunen hoch oben auf dem Dach, wie klein ihre Stadt unten ist. Viele breite Risse sind in den Mauern. Aber nicht, weil der Turm so alt ist. Auch nicht, weil U-Bahnen, Straßenbahnen, Autos oder Flugzeuge unter, neben und über dem Turm dahinjagen.

Der Grund dafür ist etwas ganz anderes. Etwas Unglaubliches!

Vor vielen Jahren, als der Turm die Stadt noch mit Wasser versorgte, passierte hier eine merkwürdige Geschichte:

Jan, der Sohn des Wasserturmwärters, war damals neun Jahre alt. An einem Freitagnachmittag im Mai lief er zu seinen Eltern: »Unser Lehrer hat gesagt, in den Nebenflüssen der Elbe gibt es viele, viele Fische. Heute scheint die Sonne und da will ich angeln gehen.« Er nahm seine Angelrute und einen Eimer und fuhr mit der U-Bahn an den Stadtrand. Dann musste er noch ein Stück mit dem Bus fahren. Endlich war er da. Durch weite Wiesen ging Jan zum Fluss. Er setzte sich ans Ufer und horchte. Ihm gefiel es hier. Im Wasser schwammen große Seerosenblätter.

Darauf saßen Frösche und sonnten sich. Jan warf die Angelrute aus und wartete. Aus weiter Ferne hörte er den Lärm der Großstadt, aber nur ganz leise. Da! Schon hatte er einen kleinen Fisch an der Angel. Er packte ihn und ließ ihn in seinen Eimer ins Wasser fallen. Bald hatte er einen zweiten und noch einen und noch einen. Der zehnte war ein großer, dunkelblauer Fisch.

»Der Lehrer hat Recht gehabt!«, rief Jan. Er nahm den Eimer und die Angelrute und rannte über die Wiesen zurück zur Bushaltestelle.

Es wurde schon langsam dunkel, als Jan wieder zu Hause bei seinen Eltern war. Er zeigte ihnen gleich die vielen Fische, besonders aber den großen dunkelblauen.

»Junge, das ist ja ein prächtiger Karpfen!«, staunte die Mutter.

»Ja, ein Karpfen! Ich habe einen großen Karpfen gefangen!«

Der Vater sagte nichts. Er kratzte sich am Kopf, setzte sich vor den Eimer mit dem Fisch und brummte: »Hm, hm – so, so.«

»Gefällt er dir nicht?«, fragte Jan.

»Doch, aber das ist kein Karpfen. Irgend so ein ausländisches Ding muss das sein.«

Sie setzten den großen Dunkelblauen über Nacht in die Badewanne. Mit schnellen Flossenschlägen schoss er von einem Ende der Wanne zum anderen. Er machte richtige Wellen, wie ein kleines Motorboot. Jan brachte ihm Brotbrocken und eine Ölsardine zum Abendbrot.

»Du, der ist ja gewachsen!«, stellte Jan fest.

»Hm«, meinte der Vater und kratzte sich am Kopf.

Beim Frühstück beschlossen Vater und Mutter: »Jan, zeig den Fisch doch mal deinem Lehrer in der Schule, der kennt sich mit so was bestimmt aus.«

In der Schule kamen alle Kinder, alle Lehrer und der Direktor zusammen. Auf einem Tisch stand ein großer Glasbehälter. Darin plantschte der Fisch.

Jans Lehrer beugte sich mit einer Lupe über ihn. Dann hob er den Kopf und sagte: »Das ist mir ein großes Rätsel!«

Der Direktor gab Jan an diesem Tag schulfrei. Sein Lehrer schrieb für ihn auf einen Zettel:

Zoologisches Institut
Papendamm 5

»Da bringst du den Fisch hin, Jan. Da sind viele kluge Wissenschaftler. Also, die lösen das Problem ganz bestimmt!«

Im Zoologischen Institut war alles blank und sauber. Hier quiekten, grunzten, schnaubten, trillerten und piepsten viele Tiere. Jan musste lachen.

Die Professoren freuten sich über Jans Besuch und die neue Aufgabe. Sofort schleppten sie zehn dicke Bücher herbei. Dann legten sie den Fisch für einen Augenblick unter eine riesige Lampe. »Ahaaa!«, riefen alle und »Ohoooh!« und sie blätterten schnell in ihren Büchern.

»Ich hab's«, rief einer, »das ist ein Wal! Ein junger Wal! Jawohl!«

»Das ist richtig«, sagte der älteste Professor.

Nun musste Jan erzählen, wie und wo er den Fisch gefangen hatte.

Ein Assistent schrieb alles auf.

»Weil Wale immer seltener werden, solltest du ihn wieder in die Elbe setzen. Von da kann er zur Mündung schwimmen und durch die Nordsee bis zum Atlantischen Ozean.«

Sie zeigten Jan in einem Buch, wie groß ein Wal werden kann. Wenn er ausgewachsen ist, hat er nicht einmal in einem Schwimmbad Platz.

Jan versprach, den jungen Wal in die Elbe zu setzen. Aber als er in der Straßenbahn saß, rollten ihm Tränen über das Gesicht und er beschloss, sich niemals von seinem schönen Fisch zu trennen.

Zu Hause angekommen, stieg er zum Vater in den Turm hinauf und erzählte ihm alles. Schon wieder kamen ihm die Tränen. Auch der Vater wurde ganz traurig.

»Weine man nicht, mein Junge. Weißt du was? Wir setzen den Dunkelblauen hier in das große Wasserbecken. Aber niemand darf das wissen. Sowas ist nämlich streng verboten. – Dann werden wir ja bald merken, ob es wirklich ein Wal ist, nicht?«

»Au ja!«, rief Jan.

»Pssst!«, machte der Vater und dann ließen sie den Wal ins Wasser plumpsen.

Dem Wal gefiel es oben im Turm. Jeden Tag, nach Feierabend, saßen der Wasserturmwärter und sein Sohn am Beckenrand und freuten sich über ihren schönen Fisch.

Der wurde bald größer: Am 1. Juni war er so groß wie ein Schwein, am 2. so groß wie ein Kalb, am 3. so wie ein Pferd und in der Nacht vom 3. auf den 4. Juni wuchs der Dunkelblaue so ungeheuerlich, dass er groß wie ein Elefant war. Da lag er nun und klatschte von Zeit zu Zeit mit dem Schwanz wuchtig gegen die Turmmauern. Das Wasser spritzte hoch auf und der Turm zitterte.

Die Leute auf der Straße fragten: »Was bumst denn da?« Alle guckten in die Luft. Aber niemand wusste, wo es bumste. Abends wollten die Leute sich die Zähne putzen. Aber aus den Wasserhähnen kam zuerst kein Wasser, dann ein dicker Strahl und dann wieder nichts.

»Nanu«, sagten die Leute, legten sich ins Bett und wunderten sich.

Jan und sein Vater standen oben im Turm vor dem großen Fisch.

»Jetzt macht er meinen Turm kaputt! Da - lauter Risse!« Der Wasserturmwärter wurde ganz blass.

»Ich weiß was!«, rief Jan. »Du machst jetzt ein riesengroßes Loch ins Dach. Alles andere regle ich.«

Jan rannte die steilen Treppen hinunter und verschwand im Dunkeln.

Sein Vater oben im Turm grübelte lange vor sich hin. Dann kratzte er sich am Kopf und begann das Dach abzudecken, leise, dass es niemand merkte. Was gäbe das sonst für ein Geschrei! Zur Polizei würden die Leute laufen. Und die würde ihn und Jan aus dem Wasserturm holen.

Plötzlich hörte er ein lautes Knattern. Ein Hubschrauber flog direkt auf den Turm zu. Im Cockpit entdeckte er einen Mann und – Jan.

Aber er fand keine Zeit mehr, sich zu wundern. Der Mann im Hubschrauber zwinkerte ihm mit dem linken Auge zu und ließ ein Seil herunter. Jetzt wusste der Wasserturmwärter, was zu tun war. Er stieg ins Becken und fing an, das Seil um den Bauch des Riesentiers zu schlingen. Aber dort war der Wal kitzelig und schlug wild mit seinen Flossen um sich. Es war eine gefährliche Arbeit! Endlich hatte er das Seil sieben Mal um den Wal gewickelt. So viel der auch zappelte, es half ihm nichts, er musste in die Höhe.

Langsam bewegte sich der Hubschrauber mit seiner Last nach oben. Einmal noch zappelte der Wal heftig, als unten eine U-Bahn laut ratternd aus dem Tunnel schoss. Der Turmwärter, der allem staunend zusah, dachte: »Wenn jetzt das Seil reißt, stürzt der Wal auf die U-Bahn und es gibt ein großes Unglück.« Er schloss vor Angst die Augen. Als er sie wieder öffnete, war der Hubschrauber mit seiner seltsamen Fracht schon weit fort. Lange schüttelte der Wasserturmwärter den Kopf. Dann fing er an, das Turmdach wieder zuzudecken.

Für Jan war der Flug durch die Nacht herrlich. Tief unter sich sah er die Elbe und die vielen Lichter im Hafen. Der Wal hatte sich beruhigt. Er schloss die Augen und schlief nach all den Aufregungen ein.

Ruhig flogen sie der Nordsee zu. Von weitem sah Jan schon die weißen Schaumkämme auf den Wellen und bald waren sie selber über dem großen Wasser. »Es wird gefährlich, Sturm kommt auf!«, rief der Pilot. »Jetzt schnell die Seile durchschneiden! Der Wal muss ins Wasser! Sonst drückt uns der Sturm in die Wellen!«

Er nahm ein scharfes Messer und gab auch Jan eins. Fast alle Seile waren schon durchgeschnitten, da rief Jan plötzlich: »Halt, der Wal schläft noch! Wir müssen ihn wecken. Sonst kriegt er vor Schreck einen Herzschlag, wenn er ins kalte Wasser fällt!« So laut es ging, riefen sie: »Haalloooh!« und »Hehe, du« und »Kreuzdonnerwetter!«

Jan versuchte es noch mal mit »Kikeriki!« Doch das Tier rührte sich nicht. Da fiel Jan etwas ein. Schnell nahm er ein langes Seil und kitzelte den Wal am Bauch. Der erwachte. Es gab einen heftigen Ruck – und das Seil riss. Der Wal stürzte ins Meer.

In all der Eile hatten Jan und der Pilot gar nicht auf die Fischkutter unter sich geachtet. Die Fischer machten entsetzte Gesichter und rannten aufgeregt durcheinander: »Ein Wal fällt vom Himmel!« Nein, so was hatten sie noch nie gesehen. Aber da schlugen die Wellen schon über dem Wal zusammen.

Gleich fühlte er sich wohl. Endlich im Meer! Mit kräftigen Flossenschlägen schwamm er davon, nach Norden, durch die Nordsee, an England vorbei, zum Atlantischen Ozean, denselben langen Weg, den er als junger Wal einmal gekommen war.

Jan oben im Hubschrauber sah seinem schönen, großen, dunkelblauen Wal nach, wie er so schnell verschwand.

Sein Freund, der Hubschrauberpilot, zwinkerte ihm zu. Dann flogen sie zurück nach Hamburg.

Der Wasserturmwärter war ein fleißiger Mann. Er hatte das Dach des Turms inzwischen wieder zugedeckt und die Turmspitze draufgesetzt. Alles sah wie vorher aus. Niemand hatte bemerkt, was in dieser Nacht vorgegangen war.

Später saßen Jan und der Wasserturmwärter noch oft im Turm und sprachen über den großen Dunkelblauen. Und manchmal flog der Hubschrauber vorbei und der Pilot winkte mit dem Taschentuch.